Anfang und Ende

Hubertus Scheurer

Anfang und Ende

Gedichte für einen geliebten Menschen

aus den Lyrik-Bänden:

»Daß Liebe unser Leben durchdringt ...«

»Für Dich«

»Nur noch für Dich«, Band I und II

Bibliografische Information der Deutschen Nationalbibliothek:
Die Deutsche Nationalbibliothek verzeichnet diese Publikation in der
Deutschen Nationalbibliografie; detaillierte bibliografische Daten sind im
Internet über < http://dnb.d-nb.de > abrufbar.

Satz, Umschlaggestaltung, Herstellung und Verlag:
Books on Demand GmbH, Norderstedt
ISBN: 978-3-8334-8770-5

Informationen über:
www.Hubertus-Scheurer.de

Inhaltsverzeichnis

Anfang und Ende

Der Anfang und das Ende,
Sie reichen sich die Hände,
Und was dazwischen liegt,
Ein Strom, er scheint versiegt.

Am Anfang wundervoll die Zeit,
Als wir im Liebesrausch zu zweit,
In Träumen eingebunden,
Das größte Glück empfunden.

Das Ende hielt für Dich bereit
Ein unvorstellbar schweres Leid;
Ich hab es mitgetragen,
Sah Dich niemals verzagen.

So wie am Anfang, weiß ich jetzt,
Warn wir uns nahe auch zuletzt;
Anfang und Ende lenken
Mein Fühlen und mein Denken

Bis hin zu meinem letzten Tag,
Der mir Erlösung bringen mag
Vom sehnsuchtsvollen Leiden,
Seitdem Du mußtest scheiden.

ANFANG

Die Liebe

Die Liebe ist so wunderbar,
Das glaube ich zu wissen;
Sie bringt Dich Deinen Träumen nah,
Oh, mög sie niemand missen!

Was hat im Leben wirklich Wert,
Kannst du es mir benennen?
Auch nicht die allergrößte Macht
Kann wahre Liebe trennen.

Doch Liebe muß gewachsen sein,
Aus Sand wird nicht in Tagen Stein;
Der Jugend heiße Leidenschaft
Trägt selten nur der Liebe Kraft.

Erst wenn zwei Menschen einig sind,
Ihr Leben sich zu teilen,
Kann ein Herz in dem anderen
In fester Dauer weilen.

An meine Liebste

Von einer Welle fand ich mich erhoben
Zum Strom der Liebe, meinem größten Glück;
Ich ward von ihm liebkosend warm umwoben,
Die Hoffnung auf das Schöne kam zurück.

Zusammen sind wir fröhlich ausgezogen,
Wie Kinder in ein goldnes Paradies,
Erhöht durch unsre Liebe, ihre Wogen,
Ein Glück, das uns erschauern ließ.

Ein Sturm wird zwischen uns gewaltig fahren,
Nicht trennen unsrer Herzen festes Band;
In reiner Seele werd ich Dich bewahren,
Im Traum verspüren Deine sanfte Hand.

Manch Welle muß an mir vorübergleiten,
Bringt Dir ein treues Liebeswort von fern,
Doch eine werd ich halten, auf ihr reiten
In Deine Arme, heißgeliebter Stern.

Trennung

Einsam ist der Weg, den ich begehe,
Liebling, ohne Dich sinkt mir der Mut,
Leben kann ich nur in Deiner Nähe,
In der Wärme Deiner Herzensglut.

Schnellen Fußes will ich weiterschreiten,
Wenn ich doch erst wieder bei Dir wär!
Und Dein Medaillon wird mich begleiten,
Mich beschützen bis zur Wiederkehr.

Wenn dem Herzen Tränen sich entringen,
Von der Sehnsucht festem Griff umspannt,
Soll es trösten, mir Gewißheit bringen
Als der Lieb und Treue Unterpfand.

Wie Du meinem Herz kannst nicht entweichen,
Du, sein liebster, allergrößter Schatz,
Hat das Medaillon als Liebeszeichen
Bei mir seinen sichren, festen Platz.

Geliebte

Geliebte, wie das Herz sich zwängt,
Von allen Seiten so bedrängt,
In dieser weiten Einsamkeit,
Wie glücklich waren wir zu zweit.

Mag ich auch der Stille lauschen,
Hör nur meinen Blutstrom rauschen;
Liebster Schatz, bist fern so weit,
Wie glücklich waren wir zu zweit.

Du lauschst auch, will es mir scheinen,
Lieber nicht, laß mich nicht weinen;
Verbanne sie, die Traurigkeit,
Wie glücklich waren wir zu zweit.

Stemm Dich jedem Sturm entgegen,
Bleibe stolz, sei mein, verwegen;
Bald kommt eine schöne Zeit,
Voller Glück, wir sind zu zweit!

Liebstes Wesen

Gedanken halten Dich umschlungen, liebstes Wesen,
Nur Traurigkeit könntst Du in meinen Augen lesen;
Die Lippen brennen, dürft ich Dich wahrhaftig fühlen,
Die Stirn am Herzen meiner tiefen Sehnsucht kühlen!

Die Zeit! Hilf mir, Geliebte, sei mein, sie zu bestehn,
Ich träum von unsrem Leben, dem schönsten Wiedersehn;
Wenn eins wir, fest umschlungen, uns schenken Lebensstunden,
Der Freudentränen Glanz, der Liebe Wert bekunden.

Hoch der Turm

Hoch der Turm, den wir zu zweit
Mühevoll so oft bestiegen,
Sei ein Weg auch noch so weit,
Liebe läßt sich nicht besiegen.

Und der Lohn ein Himmelreich,
Welche Aussicht von hier oben,
Deine Augen Sternen gleich,
Diese Schöpfung möcht ich loben.

Doch da reißt es mich hinab
In die fürchterliche Tiefe;
Sicher wär mir wohl das Grab,
Wenn Dein Herz mich jetzt nicht riefe.

Niemals schreckt der Abgrund mich,
Denn Du hast mich ganz gewonnen;
Leben kann ich nur für Dich,
Was das Schicksal auch ersonnen.

Für immer

Ich greif wohl nach den Sternen,
Für immer möcht ich Dich;
In Dir zu lesen lernen,
Wär Lebensziel für mich.

Weißt Du von meinem Herzen,
Das nur um Dich sich bangt,
Erfüllt von wilden Schmerzen,
So sehr nach Dir verlangt?

Oh mög, was jetzt ein Traum ist,
Ein Leben lang bestehn,
Wo Du mein ganz allein bist,
Ein Glück, das ich ersehn!

Sehnsucht

So sehnsuchtsvoll ist mein Verlangen,
Dich jeden Augenblick zu sehn;
Gedanken halten mich gefangen,
Bis wir gemeinsam wieder gehn.

Muß ich Dir einen Tag entsagen,
Verliert mein Leben diese Zeit;
Das Herz ist dann erfüllt mit Klagen,
Betrübt in seiner Einsamkeit.

Du meine Herzenskönigin
Regierst mit ungeteilter Macht;
Es wird bestimmt von Deinem Sinn,
Ob Dein Reich weint und ob es lacht.

Mein liebster Schatz

Mein liebster Schatz, ich träume mich
Von einem Tag zum andern;
Mein Herz schlägt ganz allein für Dich,
Welch' Lust, mit Dir zu wandern.

So möcht ich gern mit dir vereint
Durch dieses Leben gehen,
Wo täglich uns die Sonne scheint,
Wir so viel Schönes sehen.

Ich fühle Deine liebe Hand,
Laß mich sie immer halten;
Wir wollen uns ein Wunderland
Von höchstem Glück gestalten!

Wehmut

Die Welt schmeckt mir nach Abschied,
Auch wenn ich glücklich bin,
Als ob ein Hauch vorbeiflieht,
Trübt Wehmut meinen Sinn.

Der Herbst ist eingezogen,
Die Blätter fallen still;
Nie ward noch ausgewogen,
Was dieses Leben will.

Es bleibt mir eine Hoffnung,
Daß Liebe nicht vergeht,
Und wenn sie in Verzweiflung
Nur über Gräber weht.

ENDE

Im Herzen die Trauer

Im Herzen die Trauer,
Wer nie sie empfand,
Dem blieb auch das tiefste
Gefühl unbekannt.

Die Liebe, das Leiden,
Auf's engste verwandt,
Ein Paar sind die beiden,
Sie gehn Hand in Hand.

Für wen es das Mitleid
Im Herzen nicht gibt,
Der hat vor allem
Sich selber geliebt.

Unser Weg

Lange, lange ist es her,
Daß wir unsren Weg gegangen,
Scheint, als ob es heute wär,
Halt im Herzen Dich umfangen.

Spüre Dich bei jedem Schritt,
Den ich nun alleine gehe,
Es ist so, als gingst Du mit,
Ich fühl Dich in meiner Nähe.

Deine Hand in meiner Hand,
Dich in Deiner Anmut schauen,
Unsrer Liebe innig Band,
Daran will ich mich erbauen.

Für Dich

Aus tiefem Schlaf wieder erwacht,
Diesem kleinen Tod der Nacht,
Um mich mühvoll zu erheben,
In den neuen Tag zu streben.

Den ich voll der Sorge schau,
Scheint er mir so trist und grau,
Doch um Dich alsbald zu sehen,
Lohnt es sich noch aufzustehen.

Das ist meines Lebens Lauf,
Braucht man mich, geb ich nicht auf,
Magst auch auf den schwersten Wegen
Deine Hand in meine legen.

Und wenn sie dereinst erbleicht,
Hab auch ich mein Ziel erreicht,
Kann zur letzten Ruh' mich legen,
Komm Dir freudig dann entgegen.

Du hast geweint

Du hast geweint, das tut mir weh,
Ich fühle Deinen Schmerz,
Die Träne, die ich bei Dir seh,
Ist wie ein Stich ins Herz.

Ich halte Dich, ich bin bei Dir,
Was immer mag geschehn,
Den weitren Weg, den werden wir
Tapfer gemeinsam gehn.

Du schaust mich an, ein Sonnenschein,
Dein Lächeln tut so gut,
Wir wollen zuversichtlich sein
Und fassen neuen Mut.

Am Fenster

Du stehst nicht dort wie sonst am Fenster
Und winkst mir nicht beim Fortfahrn zu,
Gardinen seh ich, wie Gespenster,
Sich leicht bewegend, was machst Du?

Ich bin bei Dir, Du sollst nicht leiden,
Geb Dir doch meine ganze Kraft,
Würd gern gemeinsam mit Dir scheiden,
Entschweben erdgebundner Haft.

In eine Welt, vom Licht durchdrungen,
Wo wir in eine Richtung sehn,
Grad so, als ob wir eng umschlungen
Zusammen an dem Fenster stehn.

»Ich sterbe«

»Ich sterbe«, nein, das tust Du nicht,
Das darfst Du nicht mal denken,
Ich möcht, bevor mein Herz zerbricht,
Dir so viel Liebe schenken.

Du siehst den Schnee, das kalte Kleid,
Es geht Dir zu Gemüte.
Die Sonne kommt, wart ab die Zeit,
Wart auf des Frühlings Blüte.

Sie gibt Dir wieder neue Kraft,
Du wirst Dich dann erheben,
Um, ist erst dieser Schritt geschafft,
Den Sommer zu erleben.

Vergessen wird Dein Kummer sein,
Mach Dir nur keine Sorgen,
Ich schließ Dich in die Arme ein,
Du bist bei mir geborgen.

Wenn die Engel ...

Liebste, Du bist einen langen
Schweren Leidensweg gegangen,
Deine letzten Kräfte schwinden,
Möchtest bald Erlösung finden.

Doch die Atemluft zum Leben
Wird auch mir durch Dich gegeben;
Ich möcht Dich noch enger fassen,
Nicht aus meinen Armen lassen.

Weiß, Liebste, ich darf nicht klagen,
Wenn die Engel fort Dich tragen,
Zählt nur eins, daß Dir der Frieden
Ist nun ewiglich beschieden.

Im Sterbezimmer

Du liegst in Deinem Sterbezimmer,
Ich sitz bei Dir, Du atmest kaum,
Wünsch mir, dies wäre nur ein schlimmer,
Bald endender, sehr böser Traum.

Du blühtest wunderbarerweise
Noch einmal auf, mit letzter Kraft
Hauchtest mir in mein Ohr ganz leise:
Ich bin am Ziel, hab es geschafft.

Du welkst, die Wangen eingefallen,
Ich streichle über Dein Gesicht,
Hör schon die Totenglocken schallen,
Nein, so weit ist es jetzt noch nicht.

Noch in das Leben eingebunden,
Fühl ich mich als ein Teil von Dir,
Die Zeit bemißt sich nun in Stunden,
Bis es vollbracht, dann sterben wir.

Keine Bäume

Keine Bäume, Blumen, Pflanzen;
Stell' Dir vor, sie gäb's nicht mehr,
Schien die Erde nicht im ganzen
Als Planet dann trist und leer?

So weit ist es nun gekommen,
Wie versteinert schaun sie aus,
Seit die Liebste mir genommen,
In dem Sarg verließ das Haus.

Für mich gibt es keine Farben,
Meine Welt wurd öd und grau,
Alle die Gefühle starben,
Nur nicht die für meine Frau.

Mein Puschi komm!

Wenn Dich des Nachts die Schmerzen quälten,
Dann riefst Du mich durchs Babyphone,
Mein Puschi komm! Minuten zählten,
Ich war hellwach beim ersten Ton.

Bin drauf so schnell ich konnt gekommen,
Hab Dich versorgt, ließ nach die Pein,
Dich in die Arme sanft genommen,
Bis Du beruhigt schliefst wieder ein.

Des Nachts, ich höre es bisweilen:
Mein Puschi komm! Ich käm so gern,
Wach auf, ich möchte zu Dir eilen,
Doch Du bist unerreichbar fern.

Und mich erfaßt ein starkes Sehnen,
Ach, könnte ich doch bei Dir sein,
Ich weine um Dich bittre Tränen,
Bin ruhelos, schlaf nicht mehr ein.

Paß auf ihn auf!

Als sich Dein Weg zum Ende neigte,
Sprachst Du vertrauensvoll zu ihr:
Paß auf ihn auf! Und darin zeigte
Sich Deine Liebe, sie galt mir.

Paß auf ihn auf, Du schienst zu spüren,
Daß ich, wenn Du gingst fort von mir,
Mein Leben könnt nicht weiterführen,
Weil ich den Mut dazu verlier.

Warum sollt ich auch weiterstreben,
Ich bin am Ziel, tat meine Pflicht,
Es gibt nichts, was ich Dir könnt geben,
Nur Tränen, und die siehst Du nicht.

Ins Schattenreich

Die Zeit steht still, Du bist nicht mehr,
Ein Schatten blieb von mir,
Irrt ruhlos wie im Kreis umher,
Sucht überall nach Dir.

Er sucht im Sterbezimmer Dich,
Doch Du bist nicht mehr dort,
Wo bist Du? Er erinnert sich,
Du starbst, man trug Dich fort.

Er sucht in der Vergangenheit,
Jetzt bist Du ihm ganz nah,
Geht wieder Hand in Hand zu zweit,
Dann bist Du nicht mehr da.

Er sucht und sucht, doch schattengleich
Entschwindest Du dem Blick,
Er folgt Dir bald ins Schattenreich,
Denn dies ist sein Geschick.

Die Zeit ging weiter

Hör, mein Schatz, die Zeit ging weiter,
Nur in mir, da blieb sie stehn,
Man zeigt sich wie ehdem heiter,
So als wäre nichts geschehn.

Meine Welt, sie ging zugrunde,
Mein Herz schlägt nur noch für Dich,
Trägt so schwer an seiner Wunde,
Windet in Verzweiflung sich.

Würd so gern an Dir gesunden,
Eins mit Deinem Herzen sein,
Unauflöslich fest verbunden,
So, daß nichts sie könnt entzwein.

Das Letzte was ich habe

Seit man Dich trug zu Grabe,
Ist alles, was ich habe,
Erinnerung an Dich,
Die keinen Tag verblich.

Daß Wunden nicht verweilen,
Weil Zeit sie würde heilen,
Wie schöpf ich daraus Mut,
Für mich wär das nicht gut.

Das Letzte, was ich habe,
Fiel auch anheim dem Grabe,
Die Welt ist so schon leer,
Dann hätt ich gar nichts mehr.

Eine zauberhafte Frau

Siehst Du, mein Liebling, ganz genau,
Warst eine zauberhafte Frau;
Das hör ich alle jene sagen,
Die mit mir Deinen Tod beklagen.

Dies Zauberhafte zog mich an,
Hält mich noch heut in seinem Bann
Und wird in den verbliebnen Zeiten
Bis hin ins Jenseits mich begleiten.

Hier schließt sich der Kreis

Ich komm nach Haus und schau nach Dir,
Wünsch mir, Du mögst am Fenster stehn,
Weiß doch genau, Du bist nicht hier,
Ich werd Dich niemals wiedersehn.

Das Haus ist kein Zuhause mehr,
Es lebt nicht mehr, seit Du bist fort,
Erscheint mir trostlos nun und leer,
Gleichwohl zieht's mich an diesen Ort.

Hier sah ich Dich zum letzten Mal,
Hier hielt ich in den Armen Dich,
Hier teilt' ich mit Dir Freud und Qual,
Hier schließt der Kreis des Lebens sich.

Die Endstufe

Wir durchschritten viele Stufen
Im vereinten Lebenslauf,
Bis Du wurdest abberufen,
Weiter komm ich nicht hinauf.

Abschied will mir nicht gelingen,
Denn mein Herz ist nicht bereit,
Kann zur Trennung es nicht zwingen,
Sehnt zurück sich nach der Zeit,

Als uns in den letzten Jahren
Tiefste Innigkeit verband,
Haben Liebe wir erfahren,
Die auf ewig hat Bestand.

Wonach sollt ich nun noch streben,
Hab ich nicht erreicht mein Ziel?
Mich zu Höhrem zu erheben,
Wär ein aussichtsloses Spiel.

Ich will zu Dir

Bei allem, Liebling, was ich tu,
Werd ich beherrscht von Eile,
Du läßt es einfach nicht mehr zu,
Daß ich in Ruh' verweile.

Ich will zu Dir, so schnell ich kann,
Dich liebevoll umfassen,
Es strahln mich Deine Augen an,
Möcht Dich nicht warten lassen.

So war's in der Vergangenheit,
Wie soll ich das vergessen,
Trag allzu schwer an meinem Leid,
Von niemand zu ermessen.

Ich will zu Dir, mein Schatz, und weiß,
Daß ich erst Ruhe finde,
Wenn ich, das ist dafür der Preis,
Dies Leben überwinde.

Im Wahn

Die Trennung, die ich selbst erfuhr,
Kann größer nicht mehr sein;
Ich denk an meine Liebste nur
Im Schmerz tagaus, tagein.

Doch jede große Trennung trägt
In sich des Wahnsinns Keim,
Wer sich ihm hingibt, wer ihn pflegt,
Kann falln dem Wahn anheim.[1]

Da hilft mir auch kein guter Rat,
Mich drum davor zu hüten,
Den Keim als unheilvolle Saat
Nachdenklich auszubrüten.[2]

Ich ziehe weiter meine Bahn,
Was immer mag geschehen,
Mög enden sie für mich im Wahn,
Wenn wir uns wiedersehen.

[1]–[2] Sh. Die neuen Tieck-Bücher, »Trost bei Goethe«, S. 42

Ich danke Dir

Wenn ich Dir in die Augen sah,
Dann sagte mir Dein Blick,
Dein Lächeln, ich bin Dir ganz nah,
Darin lag all mein Glück.

So lebte ich in Dir, mein Schatz,
Dadurch gleichwohl in mir,
Hatt' tief im Herzen einen Platz,
Und dafür dank ich Dir.

Dein liebevoller Blick gab Mut,
Im Leben zu bestehn,
Noch halt ich stand der Trauer Flut,
Werd darin untergehn.

Mein Schatz

Mein Schatz, so hab ich Dich genannt,
Nun seh ich Dich nie mehr,
Denn reicht der Tod uns seine Hand,
Gibt's keine Wiederkehr.

Du warst ein Schatz, ein Schatz für mich,
Gabst mir den Lebensmut,
Was zählt denn heute ohne Dich
Noch all mein Hab und Gut?

Mit Dir konnt ich mich dran erbaun,
Selbst an dem kleinsten Ding,
Jetzt hat, mag ich das Größte schaun,
Wert einen Pfifferling.

Du bleibst mein Schatz, mein lieber Schatz,
Den ich im Herzen trag,
Dort hast Du immer Deinen Platz
Bis hin zum letzten Tag.

Ein wenig Heiterkeit

Freude ist für mich gewesen,
Ein Gedicht Dir vorzulesen;
Immer noch hab ich's im Ohr:
»Lies was Lustiges mir vor!«

Längst ging diese Zeit vorüber,
Für mich wurd es trüb und trüber,
Es gibt keine Heiterkeit,
Da wir nicht mehr sind zu zweit.

Seit ich hier allein geblieben,
Hab ich nur für Dich geschrieben,
Liegt das Ernste mir im Sinn,
Weil ich nur noch traurig bin.

Ich wünscht' mir, Du würdest sagen,
Ein Gedicht mög ich vortragen;
Selbst in Deiner schwersten Zeit
Gab's ein wenig Heiterkeit.

Balsam für die Seele

Wenn ein neuer Tag begann,
Schautest Du mich lächelnd an,
Hast mir damit Kraft gegeben
Für den Kampf im Alltagsleben.

Immer auch ein liebes Wort,
Ohne dies ging ich nicht fort;
Stimmte mich beim Abschied heiter,
War mein guter Wegbegleiter.

Auf dem Rückweg hab erneut
Ich mich schon darauf gefreut,
Dir in Dein Gesicht zu schauen,
Mich am Lächeln zu erbauen.

Das tat meiner Seele gut,
Für sie Balsam, gab mir Mut,
Den ich ohne Dich verloren,
Und die Seele ist erfroren.

Du warst mein Ziel

Du warst mein Ziel auf allen Wegen,
So strebte ich zu Dir zurück,
Mit Freude kam ich Dir entgegen,
Erblickt' ich Dich, empfand ich Glück.

Mit Dir hab ich mein Ziel verloren,
Dies Leben ist kein Leben mehr,
Es hat sich gegen mich verschworen,
Ich irre ziellos nun umher.

Und da erscheinst Du mir schon wieder,
In der Erinnerung ein Bild,
Ich schlage meine Augen nieder,
Aus denen gleich die Träne quillt.

Deiner Stimme Klang

Liebling, Deiner Stimme Klang
Konnte mich beglücken,
Wußtest, frei von jedem Zwang,
Dich schön auszudrücken.

Und Du schriebst auch rein und klar,
Abbild für Dein Wesen,
Deine Schrift ganz wunderbar,
Hab ich gern gelesen.

Dieses und so vieles mehr
Wird es nie mehr geben,
Macht es unerträglich schwer,
Ohne Dich zu leben.

Was soll ich?

Was soll ich hier, was soll ich dort,
Was soll ich irgendwo?
Bist Du nicht da, gibt's keinen Ort,
An dem ich werde froh.

So zieht es mich nach nirgendwo,
Weil alles trostlos ist,
Mir jedenfalls erscheint es so,
Seitdem Du nicht mehr bist.

Dein Auge brach, da wurd ich blind,
Mit Dir starb, was mich hält,
Und weil ich Dich in mir nur find,
Starb auch die äußre Welt.

Sehnsucht nach Dir

Das Fernsehn läuft, ich schau kaum hin,
Schlaf gleich im Sessel ein,
Der Bildlauf macht für mich nur Sinn,
Um abgelenkt zu sein.

Sonst denk ich stets an Dich, mein Schatz,
Du fehlst mir mehr und mehr,
Ich weiß doch, neben mir Dein Platz,
Er bleibt für immer leer.

Im Schlaf, der mich vergessen läßt,
Find ich ein wenig Ruh',
Doch dann im Traum, ich schlaf nicht fest,
Erscheinst schon wieder Du.

Ich wache auf, such Deine Hand,
Doch Du entziehst sie mir,
Verzweifelt starr ich an die Wand,
Sehn mich so sehr nach Dir.

Ein neuer Tag

Ein neuer Tag, ein neues Leiden,
Seit die Liebste mußte scheiden,
Keine Freude, keine Ruh',
Denk ich an sie immerzu.

Man sagt, daß sie das nicht wollte,
Doch was ich einst machen sollte,
Blieb verständlich außer acht,
Haben wir drum nicht bedacht.

Könnte ich für sie auf Erden
Noch mal sinnvoll tätig werden,
Würde ich nicht rasten, ruhn,
Für sie gerne alles tun.

Ziele für den Rest des Lebens
Such ich so jedoch vergebens,
Gilt zu ordnen nur noch das,
Was ich selber hinterlaß.

Kein Leben

Ein Leben nach dem Tod gibt's nicht
Für mich, mein Liebling, nach dem Deinen
Will, da es mir an Mut gebricht,
Die Sonne nicht noch einmal scheinen.

Die Welt, sie wurde dunkel hier,
In der ich einem Schatten gleiche,
Mit den Gedanken nur bei Dir,
Von einem Tag zum andern schleiche.

Verzweiflung, sie begleitet mich,
Bereitet Pein und drückt mich nieder,
Du starbst, und trotzdem such ich Dich,
Weiß doch, ich find Dich niemals wieder.

Dies ist kein Leben vor dem Tod,
Ich geh entgegen gern dem meinen,
Mög er befrein mich aus der Not,
Uns bald in Ewigkeit vereinen.

Hölle auf Erden

Ich starb mit Dir und lebte weiter
In fürchterlicher Seelenpein,
War nun der Teufel mein Begleiter?
Die Hölle kann nicht schlimmer sein.

Vielleicht muß ich schon hier abtragen,
Was mir wurd zugedacht als Schuld,
Dann sollte ich nicht ganz verzagen,
Hat auch der Teufel viel Geduld,

Wird man doch sicher gut mir schreiben,
Was ich auf Erden abgebüßt,
So wird zum Trost für das Verbleiben
Die Fahrt ins Jenseits mir versüßt.

Leben bedeutet Liebe schenken

Mein Schatz, auch künftig wollt im Leben
Ich Dir noch so viel Liebe geben;
Das schrieb ich, hab's Dir vorgelesen,*
So sehr gehofft, Du mögst genesen.

Doch so weit ist es nicht gekommen,
Der Tod hat Dich mir fortgenommen,
Die Liebe, sie wird nie erkalten
Für Dich, kann sich nicht mehr entfalten.

Daran sollt man beizeiten denken,
Leben bedeutet Liebe schenken,
Wenn wir den andern nicht mehr haben,
Ist es zu spät für Liebesgaben.

* Sh. »Ich sterbe«, S. 30

Du lebst in mir

Du lebst in mir in tausend Bildern,
Dadurch kann ich auf Abruf sehn,
Wie sie mir unser Leben schildern,
Im geistgen Auge auferstehn.

Mir scheint vom Anfang bis zum Ende
So kurz die doch recht lange Zeit,
Nahm vom Gefühl her diese Wende
Vorm Hintergrund der Ewigkeit.

Will ich mich im Gespräch austauschen,
Dann schau ich mir Dein Foto an,
Glaub, Du würdst meinen Worten lauschen,
Als ob ich mit Dir reden kann.

So bleibe ich Dir eng verbunden,
Ich sprech mit Dir, Du hörst mir zu,
Gezählt sind nun auch meine Stunden,
Dann folg ich Dir, find endlich Ruh'.

Der alte Mann und das Kind

Der Alte saß auf einer Bank
In einem Park schon stundenlang;
Es schien fast so, als ob er schlief,
Doch über seine Wangen lief

Ein Tränenfluß von Zeit zu Zeit.
Dies sah ein Kind, ihm tat das leid;
Es schaute seine Mutter an
Und fragte: Warum weint der Mann?

Nun, weil sein Schatz gestorben ist,
Die liebe Frau, die er vermißt,
Beschied die Mutter drauf ihr Kind.
Das lief zum Alten hin geschwind.

Es sprach: Du mußt nicht traurig sein,
Dein Schatz ist jetzt ein Engelein
Und wartet nun ganz sicherlich
Im Himmel droben schon auf Dich.

Da lächelte der alte Mann,
Er sprach, nachdem er sich besann:
Du hast ja recht, gibst Hoffnung mir,
Mein liebes Kind, ich danke Dir.

Das gebrochene Herz

Schatz, Du sprachst von Erdenstunden,
Für Dich gibt es keine Zeit,
Doch in Trübsal eingebunden,
Werden sie zur Ewigkeit.

Mit gebrochnem Herzen leben,
Jeder Schritt fällt da so schwer,
Kann nur mühsam mich erheben,
Freude find ich keine mehr.

Mein gebrochnes Herz zu heilen,
Liebste, dafür braucht' ich Dich.
Würd dann liebend gern verweilen,
Du warst alles hier für mich.

Dein kleiner Frosch

Dein kleiner Frosch vermißt Dich auch
Und Deine liebevolle Hand,
Mit der gestreichelt wurd sein Bauch,
Was er höchst angenehm empfand.

Genauso dürft's der Katze gehn
Und Deinem großen Teddybär,
So gern wolln sie Dich wiedersehn,
Du fehlst uns allen gar zu sehr.

Wo Du jetzt bist, das sag' ich nicht,
Sie grüßen Dich noch einmal mehr,
Es reicht doch, wenn ein Herz zerbricht,
Der Frosch, die Katze und der Bär.

Mein Versprechen

Du wolltest mit der »Sea Cloud« reisen
Mit mir, ich hab's versprochen
Und ein Versprechen, möcht's beweisen,
Bisher noch nie gebrochen.

Wie soll ich dies Versprechen halten?
Am Krankenbett gegeben,
Würd unsre Reise gern gestalten,
Doch müßtest Du noch leben.

So bleibt nun ein Versprechen offen,
Werd immer daran denken.
Wär glücklich, könnt' ich darauf hoffen,
Die Reise Dir zu schenken.

Dein Medaillon

Ob ich Dein Medaillon noch hab?
Wie kannst Du danach fragen;
Bleibt mein Begleiter bis ins Grab,
So lang werd ich es tragen.

Das Medaillon, Dein Bild darin,
So lernten wir uns kennen,
Es ging mir niemals aus dem Sinn,
Durft ich mein Eigen nennen.

Wie oft hab ich es angeschaut
Und Kraft daraus gewonnen;
Dein Bild, es ist mir so vertraut,
Die Zeit zu schnell verronnen.

Dein Medaillon, ich halt es fest,
Würd Zeit zurück gern drehen,
Auch wenn es mich jetzt weinen läßt,
Ach, könnt ich Dich doch sehen.

Das ausgerechnet Dir

Ans Bett gefesselt, Liebste, Du,
Dies Bild, kein Tag vergeht,
Das Schicksal schlug so grausam zu,
Mir stets vor Augen steht.

So kam es bei den Freunden an,
Du warst ihr Vorbild hier,
Und nicht nur einmal sagte man:
»Das ausgerechnet Dir.«

Dann spürt' ich, wie die Traurigkeit
Dein tapfres Herz umschloß,
In der Erinnrung frührer Zeit
Doch eine Träne floß.

Fortan nun gab ich darauf acht,
»Das ausgerechnet Dir«,
Bat ich, da es Dich traurig macht,
Sagt es nicht mehr zu ihr.

Heut nun sag ich nach all dem Leid,
Das ausgerechnet Dir,
Du warst in der Vergangenheit
Wahrlich der Anmut Zier.

Ein Phänomen

Mein Schatz, Du warst ein Phänomen,
Wärst ewig jung geblieben,
Und immer so schön anzusehn,
Man mußt' Dich einfach lieben.

So voller Anmut war Dein Gang,
Du liefst, als würdst Du schweben,
Dein edler Wuchs, so rank und schlank,
Dann endete Dein Leben

Im Krankenbett in schwerem Leid,
Ich hört' Dich niemals klagen,
Werd für die mir verbliebne Zeit
Dein Bild im Herzen tragen.

Noch einmal Sonntag

Ein Sonntag, der kein Sonntag ist,
Weil Du, mein Schatz, nicht bei mir bist;
Kein Frühstück im Genuß zu zweit,
Du hieltst es stets für uns bereit.

Der Ausflug, auch verleidet mir,
Ich hatte Spaß dran nur mit Dir;
Wir kehrten im Lokal dann ein,
Auch das ist nichts für mich allein.

Zum Schluß zu Haus Gemütlichkeit,
So schnell verging die schöne Zeit.
Heut, lieber Schatz, wünscht' ich mir sehr,
Daß für uns noch mal Sonntag wär.

Der Mai im Kommen

Im Mai wurd ich geboren,
Du starbst im Monat Mai,
Er hat den Reiz verloren,
Die Wonne ist vorbei.

Ich fürchte nun sein Kommen,
Die Bäume schlugen aus,
Da wurdst Du mir genommen,
Verließt im Sarg das Haus.

Ich werd im Hause bleiben,
Wo ich Dir nahe bin,
Nach fröhlich lautem Treiben
Steht mir nicht mehr der Sinn.

Erfüllt mich nur mit Trauer,
Denk ich an unsre Zeit,
Mich schütteln kalte Schauer,
Spür die Vergänglichkeit.

Dann wär ich froh

Mein Schatz, Du weißt noch, um neun Uhr
Täglich die gleiche Prozedur,
Bevor ich fuhr in mein Büro
Für ein paar Stunden, das lief so:

Gefesselt an das Krankenbett
Sprachst Du, mein Liebster, sei so nett,
Die Zeitschriften, mein Radio,
Das Nagelset, schon schienst Du froh,

Wenn ich Dir alles hab gereicht;
So fiel mir auch der Abschied leicht,
Ich wußte, bis zur Wiederkehr
Wird Dir die Zeit nicht allzu schwer.

Jetzt denk ich morgens um neun Uhr,
Mein Schatz, sag diese Worte nur:
Die Zeitschriften, mein Radio,
Das Nagelset, dann wär ich froh.

Der Weg war das Ziel

Der Weg ist das Ziel,
Der Ausspruch gefiel,
Solang Du warst hier,
Den Weg gingst mit mir.

Er wurde für mich
Zum Leben durch Dich;
So stellte sich ein
Die Freude am Sein.

Und liegt nicht darin
Gerade der Sinn,
Damit der Beleg,
Das Ziel war der Weg.

Der Weg ohne Dich
Hat kein Ziel für mich;
Es stellt sich erst ein
Als Ende vom Sein.

Mein Sonnenschein

Mein Liebling, wenn Du warst zugegen,
Dann spürt' ich Sonnenschein im Regen;
Wenn heute hier die Sonne scheint,
Denk ich so oft, der Himmel weint.

Der Rat für mich, ich soll verreisen,
Mir warme Länder anzupreisen,
Hilft mir auch nicht, weil ich dort frier,
Solange Du bist nicht bei mir.

Ganz gleich, ob Sonne oder Regen,
Es ändert nichts auf meinen Wegen,
Was immer fällt dazu auch ein,
Du warst nun mal mein Sonnenschein.

Advent

Advent, Advent,
Kein Lichtlein brennt,
Nicht eins, nicht zwei, nicht drei, nicht vier,
Denn Du, mein Schatz, bist nicht mehr hier.

Advent, Advent,
Kein Lichtlein brennt,
Denn jedes Licht erinnert mich,
Wenn's brennt, die ganze Zeit an Dich.

Du zündetest die Lichter an,
Ein schöner Nachmittag begann,
Erst eins, dann zwei, dann drei, dann vier,
Ich freute mich dabei mit Dir.

Für uns war dieses Ritual
Was ganz Besondres jedes Mal;
Nun ist das letzte Licht verglimmt,
So daß Advent mich traurig stimmt.

Dein Geburtstag

Noch vor einem Jahr war heute
Dein Geburtstag, der erfreute
Auch die Gäste, groß die Zahl,
Doch es war das letzte Mal.

Wie gern würd ich im Gedenken
Hundert rote Rosen schenken,
Und ganz gleich, was Dein Begehr,
Brächte ich es für Dich her.

Wie sehr würd es mich beglücken,
Liebste, Dich ans Herz zu drücken;
Auch dies gibt es nun nicht mehr,
Macht den Tag mir allzu schwer.

So werd ich heut im Gedenken
Dir nur hundert Tränen schenken,
Flüstre, hörbar nur für mich,
Tief bewegt, ich liebe Dich!

Könnt ich zu Dir

Liebling, bei allem, was ich tu,
Stellt sich die Frage mir, wozu?
Wohl nur, um damit abzulenken
Vom qualvoll grüblerischen Denken

An Dich, an die Vergangenheit,
An die verflossne schöne Zeit,
Die meine Sinne hält gefangen,
Ist wie ein Traum so schnell vergangen.

Ich hetz mich durch des Tages Lauf,
Um Schlaf zu finden, wach ich auf,
Dreht wie im Karussell sich weiter
Die Welt, nur freudlos, nicht mehr heiter.

Mein Liebling, könnt ich doch zu Dir,
Für mich wird es zu einsam hier;
Ich möcht Dich in die Arme schließen,
Nur Freudentränen noch vergießen.

Sie sprechen Bände

Wenn ich durch unsre Wohnung geh,
Die vielen schönen Dinge seh,
Die wir im Lauf der Zeit erworben,
Was zähln sie noch, seit Du gestorben?

Sie gaben mir Behaglichkeit,
Ein Heim, solang wir warn zu zweit;
Mit Dir konnt ich mich dran erbauen,
Es freute uns, sie anzuschauen.

Auch das Gemälde an der Wand
Ist jetzt nur noch ein Gegenstand,
Drauf ausgerichtet, um mein Denken
In die Vergangenheit zu lenken.

Du hast es auf dem Markt entdeckt,
Begehrlichkeit in mir geweckt,
Warst dann so heiter und zufrieden,
Als ich mich für den Kauf entschieden.

Grad so, als ob das heute wär,
Seh ich es, und mein Herz wird schwer,
Um mich herum die Gegenstände
Erzähln von Dir, sie sprechen Bände.

Ein kurzer Traum

Hier bin ich einst gefahren,
Mein liebster Schatz, mit Dir,
In den vergangnen Jahren,
Du bist so nahe mir,

Als könnt ich Dich berühren,
Schau Dir in Dein Gesicht,
Die Traumgespenster führen
Mich wieder hinter's Licht.

Denn schnell bist Du entschwunden,
Ein schöner kurzer Traum,
Kaum hab ich Dich gefunden,
Zerplatzt er schon wie Schaum.

So setz ich fort die Fahrten
Im Schlußakt unsrer Welt,
Bis, lang möcht ich nicht warten,
Der letzte Vorhang fällt.

Ich hab Dich sterben sehn

Das Leben ist ein Kommen,
Ein Kommen und Vergehn,
Du wurdest mir genommen,
Ich hab Dich sterben sehn.

Dies Bild macht mich so traurig,
Will aus dem Kopf nicht gehn,
Es überkommt mich schaurig,
Ich hab Dich sterben sehn.

Möcht Dir ein Denkmal geben,
Das sollte man verstehn,
Du warst doch auch mein Leben,
Ich hab Dich sterben sehn.

Trost im Leid

Vor mehr als vierzig Jahren
Schrieb ich Dir ein Gedicht
Vom Abschied, mußt' erfahren,*
Wie's Herz daran zerbricht.

Doch Hoffnung wurd Gewißheit,
Daß Liebe nicht vergeht,
Die unsere für alle Zeit
Unlösbar fortbesteht.

Was in der Zeit nicht endet,
Erreicht Unsterblichkeit,
Und der Gedanke spendet
Ein wenig Trost im Leid.

* Sh. »Wehmut«, S. 22

Liebe auf ewig

Liebste, ich halt in der Hand
Ein Geschenk von Dir;
Mit Gedichten einen Band,
Damals schriebst Du mir.

Ich wünsch – lange ist es her –,
Daß wie ein Gedicht
Alles unvergänglich wär;
War dies auch meine Sicht?

Wenn alles unsre Liebe ist,
Schrieb ich deshalb dazu,
Und Du mit mir im Einklang bist,
Wünsch ich genau wie Du.

Sonst gäb es nichts, was bliebe,
Ich würde gern vergehn,
Weiß heut, daß unsre Liebe
Auf ewig bleibt bestehn.

Der wahre Spiegel

In Deinen Augen sah ich mich,
Es sprach daraus Dein Herz,
Das, was uns einte ewiglich
In Freude und im Schmerz.

Ich sah mich jugendlich gereift
Als Mann, der Dich begehrt,
Der mutig nach den Sternen greift
Und höchstes Glück erfährt.

Ich sah mich in der schwersten Zeit,
Verbunden fest mit Dir,
Als Du gezeichnet von dem Leid
Warst wie ein Teil von mir.

Wenn ich in einen Spiegel schau,
Erscheint der mir heut blind,
Weil Augen der geliebten Frau
Der wahre Spiegel sind.

Des Daseins Licht

Du bist in mir, solang ich bin,
Bleibst meines Daseins Licht,
Verleihst ihm dadurch einen Sinn,
Denn so vergehst Du nicht.

An jedem Tag denk ich an Dich,
Auch nachts, wenn ich wach auf,
Und Du, mein Schatz, begleitest mich
Dann durch des Tages Lauf.

Begeb ich mich zur letzten Ruh',
Wirst Du auch bei mir sein,
Ich seh Dich, falln die Augen zu,
Schlaf ich für immer ein.

Nie mehr

Ich komm nach Haus und weine,
Um meine liebe Kleine,
Die liebe kleine Maus,
Sie kommt nie mehr nach Haus.

Sie kann nicht zu mir kommen,
Der Tod hat sie genommen,
Und der gibt nimmermehr,
Was er nahm, wieder her.

Ihn rühren keine Tränen,
Nicht Leid noch tiefes Sehnen,
Das alles läßt ihn kalt,
Sein Trost: Ich hol dich bald.

Das bringt für dich die Wende,
Dein Leiden hat ein Ende,
Denn der Gevatter Hein
Gibt nicht, er sammelt ein.

Könntest Du mich sehn

Liebling, könntest Du mich sehen,
Hab ich oft mir überlegt,
Wie würd's Dir dann wohl ergehen,
Hätte sicher Dich erregt,

Daß ich immer an Dich denke,
Jede Stunde, Tag und Nacht,
Dir so viele Tränen schenke,
Nichts mir noch mal Freude macht.

Würdst von Herzen gern erkennen
Unsere Verbundenheit
Einer Liebe, nicht zu trennen
Durch Entfernung und die Zeit.

Doch Du würdst auch mit mir weinen,
Meine Traurigkeit verstehn,
Dich im Schmerz mit mir vereinen,
Gut, daß Du mich nicht kannst sehn.

Das tränende Herz

Du freutest Dich drauf,
Wie zauberhaft schön,
Im Jahresverlauf
Es wiederzusehn.

Ich hab es gehegt
Im Garten für Dich,
Zu Grab Dich gelegt,
Worauf es verblich.

Jetzt trag ich's in mir,
Tief traurig im Schmerz,
Sehnt sich so nach Dir,
Das tränende Herz.

Nur mit Grauen

Seit Du fort bist, kann mit Grauen
Ich nur in die Zukunft schauen,
Hält für meines Lebens Rest
Das Vergangene mich fest.

Das bist Du, Du warst mein Leben,
Hast mir Mut und Kraft gegeben,
Warst mein Ziel, warst mein Begehr,
Was mir blieb, ist trostlos, leer.

Tief in Trübsal eingebunden,
Friste ich die letzten Stunden,
Schlepp am Abgrund mich entlang
Bis zu meinem Untergang.

Warten im Himmel

Würdest Du im Himmel warten
Auf mich, Liebling, das wär schön,
Sofort wollt' ich von hier starten,
Möcht Dich so gern wiedersehn.

Dich in meine Arme schließen,
Losgelöst von Zeit und Raum,
Dort, wo keine Tränen fließen,
Leben meinen schönsten Traum

Einer Liebe, die nicht schwindet,
Aus der Herzen Einklang lebt,
Die uns ewiglich verbindet
Und in unsrem Sein erhebt.

Noch einmal

Noch einmal dies, noch einmal das,
Wünscht sich das Herz ohn Unterlaß.
Doch was es hat verloren,
Wird niemals neu geboren.

Brächt auch ein gütiges Geschick
Noch einmal dies und das zurück,
Das Herz, es würd beim Scheiden
Ganz sicher noch mehr leiden.

Wohl dem, der jeden Tag bedenkt,
Was ihm der Augenblick geschenkt,
Fernab von jener Klage,
Die alles stellt in Frage.

Nur noch mit Dir

Betrübliche Stunden,
Gedankenumwunden
Sehn ich mich nach Dir,
So sehr fehlst Du mir.

Ich möcht Dich umfassen,
Möcht Dich spüren lassen,
Wie nah ich Dir bin,
Hab Dich nur im Sinn.

Ich möcht Dich erreichen,
Von Dir nicht mehr weichen,
Nur noch mit Dir sein,
Mit Dir ganz allein.

Zwischen allen Welten

Liebling, aus dem Tal der Tränen
Komm ich einfach nicht heraus,
Jeden Tag das gleiche Sehnen,
Fehlst mir so sehr, kleine Maus.

Fühle mich in jeder Stunde,
Seit Du fort bist, nah bei Dir,
Und so bin ich doch im Grunde
Eigentlich schon nicht mehr hier.

Kann im Sein mich kaum noch orten,
Finde darin keinen Sinn,
So daß ich, mit andern Worten,
Zwischen allen Welten bin.

Keine Freude

Diesen Weg sind wir gegangen,
Lieber Schatz, wohl tausendmal,
Frohgelaunt, die Vögel sangen,
Jetzt wird jeder Schritt zur Qual.

Mögen auch die Vögel singen,
Die Gedanken sind bei Dir,
Was soll mir noch Freude bringen,
Gehst Du nicht mehr neben mir.

Ich such Dich auf allen Wegen,
So als glaubte ich daran,
Daß Du kämest mir entgegen
Und ich Dich umarmen kann.

Ein wenig Glück

Mir ist, als wär es heut,
Ich fuhr zu Dir ins Krankenhaus,
Du schautest aus dem Fenster raus
Und hast Dich so gefreut,

Weil Du mich sahst, es war,
Wie schön, was doch Dein Lächeln kann,
Als strahlte mich die Sonne an,
Für mich ganz wunderbar.

Jetzt weiß ich, das war Glück,
Ein wenig in der schwersten Zeit,
Endgültig nun Vergangenheit,
Kommt niemals mehr zurück.

Ich geb Dich niemals her

Mein lieber Schatz, ich denk daran,
Wie ich Dich hab gepflegt,
Und was ich nicht vergessen kann,
Du sprachst einmal erregt:

»Wird es zu viel für Dich, dann muß
Ins Heim ich, weg von hier.«
Darauf gab ich Dir einen Kuß,
Sprach tief bewegt zu Dir:

»Ganz gleich, was kommt, mein lieber Schatz,
Wird es auch noch so schwer,
Bei mir, da hast Du Deinen Platz,
Ich geb Dich niemals her.«

Dann kam der Tod, es gilt mein Wort,
Ich sag es einmal mehr,
Du lebst in meinem Herzen fort,
Ich geb Dich niemals her.

Hab ich genug getan?

Mein Schatz, es tut noch heut so weh,
Das Bild, wenn ich Dich leiden seh;
Glaub mir nur, daß kein Tag vergeht,
Wo es mir nicht vor Augen steht.

Ganz gleich, wo ich gerade bin,
Kommt es mir plötzlich in den Sinn,
Dann hält nichts mehr der Tränen Lauf
Als Zeichen meines Kummers auf.

Dabei bedrängt die Frage mich,
Hab ich genug getan für Dich?
Dem Herzen fällt bestimmt was ein,
Genug kann es ihm niemals sein.

Allein

Allein ist der Mensch, einsam, allein,
Fühlte ich schon, da war ich ganz klein,
Als mich die Mutter so früh verließ,
Sie sei im Himmel, wie es später hieß.

Blieb mir der Vater, war krank und alt,
Sagte mir oft: Ich sterbe nun bald.
Zehn war ich damals, er hat's gut gemeint,
Wollt mich vorbereiten, nachts hab ich geweint.

Fünf Jahre darauf dann war es soweit,
Auch er starb elend in qualvollem Leid.
Die Zeit verging, die Welt wurde leer
Von Menschen, die lieb mir, es gibt sie nicht mehr.

Und nun, Geliebte, folgtest auch Du
Den anderen nach zur ewigen Ruh';
Nie fühlt ich mich so einsam, allein,
Mag ohne Dich auf Erden nicht sein.

Meine Illusion

Ich schau zur Tür und stell mir vor,
Die Liebste käm herein,
Hab ihre Stimme noch im Ohr,
Es würd wie früher sein.

»Hallo, mein Schatz, ich bin zurück,
Bist Du schon lange hier?
Nur einen kleinen Augenblick,
Dann komme ich zu Dir.«

Das sagte sie, zu bleibt die Tür,
In meiner Illusion
Kam sie herein, ist sie bei mir,
Umarme ich sie schon.

Lebensmüde

Müde bin ich, lieber Schatz,
Schaue auf den leeren Platz;
Seit Du mich verlassen hast,
Drückt so schwer des Lebens Last.

Müde bin ich, keine Ruh',
Mein Gedanke, das bist Du,
Alle Tage, jede Nacht,
Die ich ohne Dich verbracht.

Müde bin ich, schlaf nicht ein,
Könnte ich doch bei Dir sein,
Fiel'n mir dann die Augen zu,
Fänd' ich endlich meine Ruh'.

Mit dem Schatten

Die Sonne im Rücken
Folg ich meinem Schatten;
Gedanken bedrücken,
Es bleibt, wie wir's hatten.

Ganz gleich, wo ich gehe,
Wünsch ich, fühl nur Leere,
Mir fehlt Deine Nähe,
Daß ich bei Dir wäre.

Ich dreh meine Runde,
Vom Schatten begleitet,
Der mit mir im Bunde
Jetzt neben mir schreitet;

Der Sonne entgegen,
Hab ich ihn im Rücken,
Auf all meinen Wegen
Würdst Du mich beglücken.

»Halt an!«

Hier bin ich oft gefahren
In den vergangnen Jahren,
Hör nun den stummen Schrei:
»Halt an, fahr nicht vorbei!«

Das Herz erinnert sich,
Du wartetest auf mich;
So gern bin ich gekommen,
Schatz, hab Dich mitgenommen;

Nach Haus, kein leeres Wort,
Für uns ein schöner Ort,
Solang wir warn zu zweit,
Ich denk an diese Zeit,

Möcht halten, mit Dir fahren,
Wie in den vielen Jahren;
Das Herz, es wird nicht kalt,
Will zu Dir und ruft: »Halt!«

Hand in Hand

Hand in Hand kommt mir ein Paar
Auf unsrem Weg entgegen;
Wie gern würd ich meine Hand
Jetzt in Deine legen.

So wie früher, lieber Schatz,
Diesen Weg hier gehen,
Und die Welt, in Dich verliebt,
Nicht mehr dunkel sehen.

Hand in Hand mit Dir vereint
Stand ich fest im Leben,
Das nun ist Vergangenheit,
Wird's nie wieder geben.

Trostsuche

Hier sitze ich beim Glase Wein,
Schau auf den leeren Platz;
Wünsch mir, Du würdest bei mir sein,
Fehlst mir so sehr, mein Schatz.

Spürt' ich doch stets in Deiner Näh'
Ein schönes Wohlgefühl,
Nun scheint, da ich Dich nicht mehr seh,
Die Welt mir grau und kühl.

Ich heb mein Glas, Dein Bild vor mir,
Und sag: Mein Liebling, prost!
Der Tod, er nahm das Leid von Dir,
Darin such ich jetzt Trost.

Denk dran!

Denk dran, sie muß nicht mehr leiden,
Das ist es, was zählt,
Daß die Liebste, sie mußt scheiden,
Sich nicht länger quält.

Denk dran, wenn Dein tiefes Sehnen
Dir das Herz beschwert,
Wenn, begleitet von den Tränen,
Trauer Dich verzehrt.

Denk dran, ihr wart euch verbunden
Innig bis zuletzt,
Sie hat ihre Ruh' gefunden,
Nur noch das zählt jetzt.

Besser so

Wäre ich zuerst gegangen,
Wärst Du jetzt allein,
So wie ich im Schmerz gefangen,
Trügst des Daseins Pein,

Für mich gar nicht auszudenken,
Leidend Dich zu sehn,
Könnt nicht trösten, Liebe schenken,
Dir zur Seite stehn.

So ist's besser für uns beide,
Daß Du gingst voran,
Du erlöst bist und ich leide,
Dir bald folgen kann.

Verlaß mich nicht!

Das Herz, es rief, verlaß mich nicht,
Halt die Geliebte fest!
Da war der Tod bereits in Sicht,
Der sich nichts nehmen läßt.

Nun meldete sich der Verstand,
Rief, Du mußt auf mich hörn,
Der Tod, er reicht ihr gleich die Hand,
Du darfst sie jetzt nicht störn!

Ich hab auf den Verstand gehört,
Sie schlief ganz ruhig ein,
Das Herz ist immer noch verstört,
Möcht so gern bei ihr sein.

Alles vorbei

In zweitausendsechs am zwölften Mai,
Geliebter Schatz, war alles vorbei;
Du wurdest erlöst von qualvollem Leid,
Zu Ende auch unser Leben zu zweit.

Vorbei die Hoffnung, sie starb mit Dir,
Deine und meine, allein blieb ich hier;
Vorbei, was meinem Leben gab Sinn,
Die Liebe, die unsre, daß ich für Dich bin.

Vorbei für immer, für immer vorbei.
Was blieb? Im Herzen ein stummer Schrei,
Und der Gedanke gewinnt jetzt an Raum,
Das ganze Leben es war nur ein Traum.

 Erlebnisse im Hotel mit König Alfred und seinem Hanswurst unter Berücksichtigung der Zensur durch das Landgericht Hamburg. Der Kampf eines Bürgers gegen ein Unternehmen mit faschistoiden Verhaltensweisen Band I-VIII
Band I: ISBN 978-3-8334-7985-4

 Die frivolen Geschichten
mit König Alfred und seinem Hanswurst
ISBN 978-3-8334-8038-6

 Sokrates läßt Deutschland grüßen –
damit Freiheit atmen kann
ISBN 978-3-8334-7988-5

 Das große Kochbuch
Ein Menü für Juristen und verantwortungsbewußte Staatsbürger
ISBN 978-3-8334-7987-8

 Mir reicht´s - Deutschland ade
ISBN 978-3-8334-7986-1

 Daß Liebe unser Leben durchdringt ...
ISBN 978-3-8334-7977-9

 Für Dich
ISBN 978-3-8334-7975-5

 Nur noch für Dich – Eine Liebeserklärung
ISBN 978-3-8334-7976-2

König Alfred und sein Hanswurst
Ein Malbuch mit 66 heiteren Geschichten in Versform
Für Jugendliche im Alter von 8 - 88 Jahren
ISBN 978-3-8334-8037-9

Nur noch für Dich, Band II
Eine Liebeserklärung
ISBN 978-3-8334-8769-9